_____ 님에게

사랑하기에도 짧은 시간들
서로에게 힘이 되고 위로가 되는
따뜻한 동행이 되고자
이 시집을 드립니다.

년   월   일

_____

탐욕의 잔

탐욕의 잔
세 번째 77개의 산문시

초판 1쇄 발행 2025년 9월 21일

지은이 이현재
펴낸이 박은선
펴낸곳 월훈출판사
출판등록 제2024-000015호

교정 주경민
디자인 강샛별
편집 윤혜성
검수 이주연, 이헌
마케팅 김윤길

주소 경기도 시흥시 목감중앙로 62
이메일 wave0220@naver.com
전화 070-4651-3730~4

ISBN 979-11-990009-4-0(03810)
값 13,000원

- 이 책의 판권은 지은이에게 있습니다.
- 이 책 내용의 전부 또는 일부를 재사용하려면 반드시 지은이의 서면 동의를 받아야 합니다.
- 잘못된 책은 구입하신 곳에서 바꾸어 드립니다.

세 번째 77개의 산문시

탐욕의 잔

보은 이현재

월훈
출판사

탐욕의 잔

작가의 말

편도 2차선

보은 이현재

이순의 나이에 삶의 귀로에 서 있다.

우선멈춤이라는 주춤한 시간을 편도 2차선 상념의 갓길에 대고

깜빡거리는 비상등의 비호를 받아 존엄의 규칙에 의존해 살아온 평탄의 그 길을 되돌아본다.

한때는 철모를 아이로 살았고

한때는 의도치 않은 어른의 우왕좌왕하는 삶의 길 속에 내던져 남편이자 아버지라는 낯선 이름을 달고 서툰 몸짓과 어설픈 가족에 대한 책무로 흙길 자갈밭 길 가리지 않고 오직 편도 일차선 우당탕탕 험지 길만 달렸다.

걷지 않고 뛰는 것만으로 벅찰 그 길을

나는 듯이 달려와 돌이켜 보니 아빠와 남편이라는 훈장 같은 삶은 내동댕이치듯 갓길에 버려져 있었고 가장의 실추된 명예와 분에 넘치듯 떠받들던 가족의 환대는 어디에도 없었다.

한때 화려했던 쓰임을 다한 폐기물 같은
보석상자의 용도 변경은 어쩔 수 없다지만
아무도 쳐다보지 않는 느즐한 공간 한 모퉁이에 쓰러진 빈병처럼 늘어선 힘없는 자아를 보며 한때 행복해했던 시절을 떠올리며 씁쓰레한 미소를 띤다.

지금까지 살아온 길들이 결코 평탄하거나 아스팔트 위로 쭉 뻗은 고속도로가 아니었다.
때로는 울퉁불퉁 자갈길이거나 가시밭길투성이의 길도 없는 거친 산길을 뚫고 참 열심히도 내달렸다.

그러나
이제는 기점과 종점이 엇갈린 이순의 시점에서 기통 수를 달리한 배기통을 달고 나만의 출발점에서 나만의 속도로 편도 1차선과 2차선을 오가며 지금껏 가늠해 보지 못한 속도로 인해 가보지 못한 갓길과 주행길에 놓인 고즈넉한 풍광과 삶에 산재된 위험 요소를 피해 드라이브 온 해야겠다.

  넘실거리는 욕망과 탐욕의 본능에서 벗어나
  현실에 충실하고 충만한 감사와 타협의 이로움을 더해 이해와 배려로 존경받는 진정한 어른으로서의 큰길을 가야겠다.
  분에 넘치는 탐욕의 잔은 내던지고 비움과 버림의 미학으로 온유와 따스함의 곳간을 채워야겠다.
  내가 나로 살아가고 너와 우리가 가는 편도 2차선 그 길을 양보와 배려의 미덕으로
  앞서거니 뒤서거니 평화롭게 달려보자.

                      2025. 7. 19. 토.

목차

작가의 말 _7

1부

거울	_18	우두머리	_30
관계	_19	전설	_31
길	_20	줄사탕	_32
도둑	_22	침묵	_33
동굴	_23	틈	_34
두려움	_24	페이지	_35
빈손	_25	항구	_36
상처	_26	헷갈림	_38
술잔	_27		
시선	_28		
시어의 무게	_29		

2부

가시 1	_42	
계단	_43	
골목	_44	
공작	_45	
나를 일으켜 세우는 세 가지 기적	_46	
떨치고 보면 아무것도 아니다	_47	
뜻	_48	
마음의 밭	_49	
모른다	_50	
본질	_51	
불가사의	_52	
비행	_53	
애착	_54	
어떤 놈	_55	
재	_56	
제약	_57	
추	_58	
흔적	_59	
4242-242	_60	

3부

가시 2	_64
기다림의 미학	_65
느림의 미학	_66
돋보기	_67
맛	_68
민폐	_69
바람이 흐르듯 삶도 흘러야	_70
배설	_72
본분	_73
실체	_74
애국	_75
우선멈춤	_76
이럴 때 더 좋아요	_77
있을 때 잘해	_78
재잘재잘	_79
중립	_80
포기	_81
표적	_82
핀셋	_83

4부

그래 그렇게 사는 거야	_86
덕이란	_87
땀방울	_88
멈춤의 여백	_89
무지개	_90
미소	_91
밀밭	_92
배움	_93
사랑	_94
살다 보면 1	_95
살다 보면 2	_96
양보다 질	_97
일상	_98
저금통	_99
창조	_100
천금	_101
청정수	_102
초우	_103
키	_105

에필로그	그땐 그랬어요	_108	일몰의 바다	_116
	길	_110	정구지 꽃	_118
	님이시여	_111	플라타너스 연가	_119
	백야	_113	하늘에 이는 바람	_120
	시가 되는 것	_114	홀로 핀 꽃	_121

앨범 소개 - 빛을 불러(가사) _122

1부

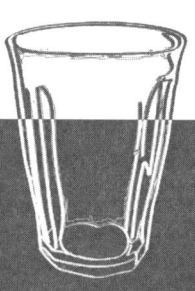

비 온 뒤 땅이 더 단단히 굳지만
사실은
빗물이 조용히 스며진 틈 사이로
새 생명이 굳건히 뿌리를 내리며
틈새를 가득 메우는 것이다.

거울

비춰진 바램만큼
비쳐 나오지 않는 참혹한 현실
만족과 비만족 사이를 오락가락하는
자신.

관계

끊어낼 수 없거나
꼭 끊어내야 할 관계라면
내가 먼저.

길

꼬불꼬불
끝없이 펼쳐진 인생 오르막길
오르다 오르다
숨이 턱 막혀 지쳐 죽을 때쯤
비로소 내려다보이는 훤한 평탄 길
이제 저 길 어디쯤에 행복이 주렁주렁 매달린
가로수길 있으려나.

도둑

무엇을 훔쳐가든
내 것 아닌 남의 것을 탐하는
이기적인 마음
물질적 정신적 빈곤 타파.

동굴

빛이 들지 않아 꽁꽁 언 마음의 동굴
오싹한 추위에 잔뜩 웅크려
구멍 밖을 나오지 않는 꽁꽁 언 마음
구멍 밖을 나와 한 줌 햇살에
와르르 무너지는 마음

두려움

한 발
두 발
세 발자국
한 발자국 뗄 때마다
잃어버리고 마는 첫발의 기억.

빈손

감춘 뒤에 털어서 먼지 안 나오는 손
털어서 먼지가 나지만
어떤 계기로 새롭게 깨끗이 씻은 손
어떤 게 더.

상처

봉합하여
잘 아물기를 바라는 것도 중요하지만
오랜 시간이 지나도
흉터가 남지 않는 치유의 몸짓이
때론 더 중요하다.

술잔

인생은
채움과 비움 사이
그 사이에 희.노.애.락.

시선

어떻게 보는가에 따른 시각차가
얼마나 많은 사람에게 상처를 주는지 모른다.

시어의 무게

보내온 종이의 무게는
천 근의 무게이나
보내 주신 내용의 무게는
만 근의 무게를 덜고도 남습니다.

우두머리

이끌림이 있는 믿음에 대한
절대다수의 두터운 신임
존경과 선망의 대상
이것이 진정한 우두머리.

전설

전설은 나락에서부터 써진다.
나락에 떨어져 바둥거리다
다시 깊은 수렁으로 빠져드는 사람
수없이 무너지는 절망의 늪엔
허우적거리는 사람만 있는 것이 아니다.
강한 정신력으로 혼신의 힘을 다해
빠져나오려는 용기 있는 전설이 있다.

줄사탕

나란히 서 있는 달콤함에
매료되어 깊이 빠지면
한동안
사탕 본질의 달콤함을 잃어버려
무엇이 어떤 맛인지
도무지 모를 때가 많다.

침묵

난잡하게 떠돌아다니는
억지스런 부유물들의 오래된 속박을
잠재우기 위한 방편으로
고요를 빙자한 조심스런 시간들을
가만히 방치해야만 하는 인내를 더하는 것이다.

틈

비 온 뒤 땅이 더 단단히 굳지만
사실은
빗물이 조용히 스며진 틈 사이로
새 생명이 굳건히 뿌리를 내리며
틈새를 가득 메우는 것이다.

페이지

넘길 때마다 새로워지는 삶
매일매일 흥미진진한
주홍빛 미래가 펼쳐져 있으면
얼마나 좋을까.
하지만 어쩌랴
삶은 그리 호락호락하지 않아.
그렇지만
펼치지 않고는 아무도 모르는 게 인생
그래도 한번 펼쳐진 삶에
도전장을 넘기듯 성큼성큼
페이지를 넘기자.

항구

떠나갈 때 다가올 때
고요의 바다는 어떤 얼굴로
자신을 지배할지 아무도 모르지만
사람은 살아 돌아올 현명한 지혜와
용기라는 거친 물살을 가를
무기 하나 싣고 다닌다.

37

1부

헷갈림

아리송해 구분 못 한
어질어질함에
어리둥절
이도 저도 아님 한 가지만 선택.

2부

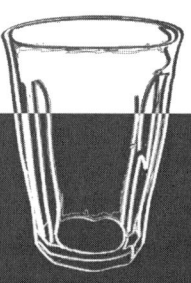

작고 사소한 것
얕보지 마세요.
개미구멍에 둑이 무너져요.

가시 1

장미의 가시가 갖는 진정한 의미는
아름다운 꽃을 지키기 위해
필요한 보호막이 아니라
그 본질을 가만히 들여다보면
연약한 줄기를 지키기 위한 보호막
만약 그렇지 않다면
꽃에 가시가 붙어야 할 듯.

계단

오르는 것은
자신의 의지에 의해서이지만
내려오는 것은
떠밀려 내려올 때가 더 많다.

골목

막다른 골목에 들어서면
절대 기죽지 말고
주저앉거나 흐느껴 울지 말라.
누구에게 기댈 생각도 하지 말고
천우신조도 바라지 말며
오로지 내 힘으로 내가 일어서지 않으면
그 어떤 난관에서 한 발자국도
앞으로 나아갈 수 없다.

공작

여럿이 모여 상대를 해할 생각에
뭔가를 꾸미지만
정작 자신은 함께한 무리 중 한 사람에 의해
완전히 와해된다.

나를 일으켜 세우는 세 가지 기적

무너짐과 무너뜨림의 차이에서
스스로 주저앉아 일어서지 않으면
나를 무너뜨려
무너짐의 잔해에서 빠져나와
우뚝 서야지만
내 존재의 가치를 찾을 수 있다.
절망 내가 나에게 굴복할 때 나온다.

떨치고 보면 아무것도 아니다

골치 아프고 머리가 지끈지끈 아픈
지난 과거에 얽매여
자신의 몸과 마음을
황폐의 늪에 빠뜨리지 말자.
한없이 작아지고 쪼그라진
자신의 보잘것없는 모습을 보면서
더는 안 된다는 생각을 하면서
헤어나질 못하고 괴로워할 때 재빨리
자신에게 벗어나 보자.
나의 뇌 속에 살고 있는
영혼을 갉아먹는 나쁜 벌레는
스스로 잡아 없애자.

삶에 담보가 뭐가 있을까.

함께하는 것에 대한 진정한 가치.

뜻

서로 뜻이 맞지 않아서 다행인 것과
너무 잘 맞아 불행인 관계 사이에
오롯이 상처받는 쪽이 자신일 때가 더 많다.

마음의 밭

밭을 가는 농부의 마음으로
진정성 있게 자신을 대한다면
돌은 저절로 드러나 골라지는 것이다.

모른다

사람들은 모른다.
글을 쓸 때 얼마나 많은 낱글들을
고르고 골라 넣었다 뺐다 하는지를.
글을 짜맞추어 다듬기보단
쪼아서 조각하듯 만든다는 것을.

본질

작고 사소한 것
얕보지 마세요.
개미구멍에 둑이 무너져요.

불가사의

우리에게 흔히 일어나지 않는 일도
우리 주변에 흔하게 볼 수 있는 일.
어쩌면 그것은
나에게만 국한된 극히 제한된 일.

비행

나약함으로 인해
의지하고 바라고 감사함을 잊어버린
덩치 큰 어른 아이
도무지 날지를 않는다.
아니
날려고 하지를 않고
온종일 고개 숙여 게임만 몰두하는 아이
온실에서 자라
바람이라곤 맞아본 적이 없는
나약한 아이
나는 것보다 떨어짐을 두려워하는 아이
귀하디귀한 우리 아이
떨어짐의 아픔과
나는 법부터 가르침이 어떠하올지.

애착

돈으로 산 집을
돈으로 환산해 살다 보면
언제 어느 때
시세보다 많은 차익을 남기며 팔 것인가
그것만 골똘히 생각해 살면
도무지 집에 대한 애착이 안 생긴다.

어떤 놈

뛰는 놈 위에 나는 놈 있다지만
걷지도 뛰지도 않고
손 안 대고 코 푸는 놈 많다.
그냥 훌훌 날아오르는 귀족 중에 귀족
그러나 성실히 걷고
있는 힘껏 뛰어 날아오르는
봉황 같은 고귀한 새들도 많다.

재

타서 남는 것과
태워서 남기는 것
어느 것도 타기 전으로 돌아가기엔
너무 늦은
쓸모없는 결과물.

제약

따르지 않는 것에 대한 두려움
꼭 극복해 이겨야만 하는 성장의 진실.

추

벽시계의 시계추는
중심이 확실한 무게가
아래를 향하고 흔들릴 때
제 기능을 무한히 발휘하는 것이다.
사람도 가끔은
확실한 중심을 아래에 두고 흔들릴 때
진정한 자신을 찾는 것이다.

흔적

불살라 사라지는 건 재뿐이지만
오랫동안 남아
끊임없이 자신을 괴롭히는 건
바로 버리지 못해 오랜 시간 간직한
새까맣게 그을린 마음의 잔상.

4242-242

함께하는 건 좋지만
어쩐지 어색한 42
썸 탈 때.

3부

자꾸만
비켜가는 게 표적이지만
그래도
억지로 맞히려 하다 보면
꼭 맞혀지는 게 표적이다.

가시 2

생선을 먹을 때
꽤나 성가신 존재가 가시이지만
정작 가시 자체의 본질은
고기의 몸통을 지탱하는
든든한 뼈대.

기다림의 미학

빠름과 느림의 경계에
뜸 들이기가 필요하듯
이젠 우리의 삶에도
맛.
정성.
발효.
숙성.

느림의 미학

달팽이는
평생을 자기 집을 달고 살기에
집 걱정 없이
한평생을 느긋하게 살고 간다.
눈 핑핑 돌아가는
바쁜 세상을 살아가는 현대인은
평생을 집 사는 데 올인
돈 모으는 데 급급하여
무조건 빨리빨리
옆도 뒤도 돌아보지 못하고
한평생 뭘 했는지도 모르고 패스.

돋보기

초점 없는 거리감을 두기보단
또렷한 초점으로
누군가와 사랑을 열정적으로 태우는
적극적인 구애가 낫다.

맛

젊어서 똥이 된 스토리가
늙어서 약이 된 이야기
그것은
바로 인생 참맛.

민폐

굳이 끼치지 않아도
그래도 자신도 모르게
끼쳐지는 것이 민폐
남을 위한 따뜻한 배려가 먼저.

바람이 흐르듯 삶도 흘러야

바람이 흐르듯
삶은
끊임없이 밀려오고 밀려드는 항구 같다.
배가 오고 가는 길목에
삶을 이끌어
희망의 불을 밝히는 등대가 있고
험난한 파고를 막아서는
삶의 방파제가 있어
생의 배를 여닫는
우리 내 일상을 바람으로 관통한다.
바람이 흐르듯 삶도 흘러야.

이럴 땐
정신과 육체가 무너지고
하는 일마다 풀리지 않아 죽을 것 같은
고통의 순간이 일상을 지배하고
내가 나를

통제 불능의 상태에 놓이게 할 때
사는 게 사는 게 아닐 땐
버리고 살아야.

배설

꽁꽁 싸맨 듯 가지고 있지만
정작 내보내지 않으면 불편한 관계
나 아니면 상대가.

본문

잊지 않으면 다행
멀리 높이 오를수록
까마득히
잊어버린 잔망.

실체

크고 우람한 근육맨의
웅장한 실체 뒤에는
작고 보잘것없는 근육 다발의
오래된 뭉침 같은 소소한 일상 속
땀방울들의 시간들이 모여
커다란 기적을 만들어낸다.

애국

진정한 애국은
세금을 꼬박꼬박 잘 내어야 하지만
자유로이 걷히는 우리의 소중한 세금이
어디에 어떻게 긴요하게 쓰이는지
꼼꼼히 살피는 눈을 가져야 한다.

우선멈춤

급해서 탈나는 것이 많을 때는
잠시 멈춰 서서
기다림의 미학으로 지혜롭게 대처하자
빠른 것도 좋지만 움직임이 느려서
위기를 모면할 때도 있음.

이럴 때 더 좋아요

멀리 있는 친척보다
가까이 있는 이웃이 좋을 때
일상에서 오는 갑작스런 순간에
뜻하지 않게 나를 도와줄 때.

있을 때 잘해

익숙해서 얻어지는 것과
익숙해서 멀어지는 것
둘 사이의 거리는 한 뼘
손 안에 든 편한 사람일수록
지킬 건 지키며 더욱 잘해야.

재잘재잘

참새가 방앗간만 간다고 해서
재잘대는 게 아니다
온종일 재잘대는 하루 중에
한마디는
꼭
새겨들어야 할 말이 있다.

중립

마음의 무게 중심에 오락가락하다
한쪽에 치우치다 보면
마음의 무게는
좀처럼 수평을 잡기가 힘들다.
이럴 땐 과감히 한쪽을 포기하고
확실한 쏠림에 무게를 두며
흔들림 없는 확실한 균형을 잡는 것
또한 중요하다.

포기

배추 포기
무우 포기 해도
진정한 포기는
머니 포기
뒷돈.

표적

자꾸만 비껴가는 게 표적이지만
그래도
억지로 맞히려 하다 보면
꼭 맞혀지는 게 표적이다.

핀셋

콕 집어 말하기보단
때로는
유연하게 돌려서 말하는 게
상대와 나 사이에
원만한 관계 회복에 도움.

4부

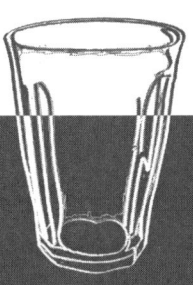

기브 앤 테이크

계산된 마음보다
항상 시큰둥하게 되돌아오는 현실
받아서 좋은 건 좋지만
줄 때 호쾌히 던지는 선한 마음.

그래 그렇게 사는 거야

이생은 폼 나게
삶은 재밌게
쫄깃쫄깃 한 편의 드라마 같은
일곱 빛깔 무지개.

덕이란

누가 보든 보지 않듯
자신의 마음이 저절로 우러나
차고 넘침을 자연스레 넘기며
젖게 하는 따뜻한 복을 짓고 쌓는 것.

땀방울

성실 근면한 사람이 대접받는 사회
열심히 일해서 잘사는 사회
평등과 균형의 조화에서
기회와 균등이 우선시되는 멋진 사회
공동체 속에서
개인과 개인을 존중하는 화합된 사회
방울방울 떨어지는 흘림의 미학.

멈춤의 여백

고단했던 너의 삶
잠시 내려놓으면 안 되겠니?
혼자 너무 애쓰지 마.
삶의 꼬투리 시간에
삶에 가장 소중한 너의 시간은
널 위해 저절로 비워지는 것이 아니라
바삐 가는 틈 속에 채워지는 거야.

무지개

세상에서 가장 아름다운 브릿지
빛의 반사, 굴절, 분산이라는
각기 다른 형태의 사람들이 모여 사는
이 사회가 어쩌면 무지개보다
더 아름답지 않을까.

미소

온화함과 따사로움이 겹쳐
살짝이 패인 볼우물에 담겨 나오는
따스한 마음.

밀밭

진정한 풍작의 의미는
고른 키를 가지는
한 무리의 조화로운 몸짓.

배움

모르는 것은 모른다.
아는 것은 안다.
그치만
모르는 것에 대한 솔직함과
아는 것에 대한 겸손이 더 중요.

사랑

확인할 수 있는 것과
확인할 수 없는 것의 총량이 같을 때
꼭 눈으로만 확인하지 않아도
마음으로 확인하면 끝.

살다 보면 1

창밖의 남자와
창밖의 여자는 어떻게 다를까.
근사한 내 남자와 여자보다
더 근사하게 보이는 굴절된 시선.

살다 보면 2

내 것과 네 것의 차이는
보이지 않는 공기처럼 미세한 것 같지만
살다 보면 그 간격은 이해와 오해의 엄청난 차이.

네 것과
내 것의 허물어지는 경계선.

양보다 질

양만 생각하고 양만 늘이다 살다 보면
어느 순간 공허감만 쌓인다.
삶의 질을 높이려면
쌓이는 것은 덜어서 베풀고
늘이는 것은 잠시 멈추고
모자란 것은 저절로 채워지길 기다리고
채움의 미학보다
덜어줌의 미학이 더 아름답다.

일상

일상에서 행하는 작은 무시가
곧 다가올 미래의 어느 날
돌이킬 수 없는 불행을 몰고 오는지
무시할 수 없는 무시가 예견된 불행
사소한 행동 하나를 조심해서 살다 보면
미래는 주―욱 행복.

저금통

돼지의 뱃속을 가르는 건 날카로운 칼
그러나
그 속에서 우르르 쏟아져 나오는 건
반짝반짝 빛나는
어린아이의 해맑은 웃음과
순수의 눈동자에 묻어있는
결 고운
희망과 꿈.

창조

결핍이 없으면 창조도 없다.
뭔가 부족하다고
늘 투덜대고 짜증 부리면
채움의 공간은 늘 비어있다.
나의 부족함을 스스로 인정하는 순간
창조의 길은 저절로 열린다.

천금

내가 필요한 것과
상대가 필요한 것 중 어느 한 가지가
정말 내게 소중할 때 그것이 무엇이든
내가 천금같이 여기면 그보다 더
가치 있는 것이 없다.

청정수

가장 깊은 곳에서 솟아나는 청정수
시원하고 달콤한 감칠맛 나는
그 맛에는 어떤 단맛도 섞이지 않았다.
맑고 투명한 순수의 결정은
보석처럼 빛나고 무지개처럼 아름답다.

초우

초록 융단에 펼쳐진
설레임의 시작은 이랬습니다.
잔물결 드리워진 이름 모를 포구엔
초우가 내렸죠.

허겁지겁 달려간 처마 끝에
반쯤 드러낸 민소매 티 여인의 젖은 미소가
나를 보며 비좁은 자리 한 켠을 주었었죠.

김 모락모락 피워 올린 두 어깨가 맞닿아
조금은 어색하고 조금은 가슴 설레는
짧고도 긴 시간의 담벼락에 기댄 두 사람.
흘깃흘깃 서로의 시선을 의식한 채
말 없는 바다만 무심히 바라보았어요.
금방이라도 그칠 듯한 빗소리의
청아함에 빠진 두 사람.

길 건너 맞은편 커피 향 짙은 카페에
시선이 고정됐죠.
누가 먼저랄 것도 없이 순간의 느낌으로
두 손 맞잡아 뛰어든 카페 안 분위기에
서로의 운명을 직감했고
사르르 녹아난 한 숟갈의 프림처럼
사랑은 그렇게 부드럽게 시작됐죠.

키

사랑은
아픈 만큼 성숙해진다지만
성숙 이전에
사랑을 살포시 감싸고 있는 자신을
따뜻한 가슴으로 품어주어
가만히 숙성시켰을 때 비로소.

에필로그

그땐 그랬어요

시 낭송 유튜브

다른 뜻은 없었어요.
그저 바라만 보는 임이 좋아서
그냥 눈 마주쳐 빙긋 웃는 그대가 좋아서
살다 보면 가끔 생각나는 사람
그런 사람 있잖아요.

그 사람이 그랬어요.
콩이 물에 불어 사랑의 싹을 틔우듯
그의 뜨거운 눈물에
마음이 불어 사랑이 싹텄어요.

그땐 그렇게 서로가 물에 불어
사랑의 촉을 틔웠다니까요 글쎄.
그냥 바라보는 시선이 좋아서
서로 마주하며 웃는 해맑은 얼굴이 좋아서
사랑은 그렇게 느닷없이 왔지만
이별은 내가 서서히 준비했어요.

왜 그랬냐고요?

음 뭐랄까

그 흔한 우리들의 이야기 있잖아요.

사랑해서 만났고

사랑해서 헤어진다는 그 흔해 빠진 이야기

내가 꼭 그랬어요.

사랑해서 그를 놓아줬다는 그 흔한 이야기

에필로그

길

시 낭송 유튜브

저 멀리 길이 있다.
아직 가보지 못한 저 길의 끝에는
누가 있을까?
곧게 뻗어 휘어져 가는 저 길
보이지 않는 모퉁이 돌아 막연한 길

긴 시간 길 아닌 곳에 길이 되어버린 저 길
이름 없이 지나간 무수한 흔적
뚜렷한 족적 하나 남기지 못하고
삶의 향방을 가늠하지 않은 채
누군가의 또렷한 좌표가 되어 있다.

아무도 가보지 않은 낯선 그곳
길이 아니면 가지를 말라는
옛 선인들의 정취가 묻어난 그 길
멈춰 서다 뒤돌아보면
어느새 그 길 위에 내가 서 있다.

님이시여

시 낭송 유튜브

사랑이 붉다 만 님의 앙상한 흔적
만추의 가을에 녹아내린
무서리가 오더라도 들국화 향기 만연한 그대
영원한 꽃잎이 되겠습니다.

행여 간밤에
님이 오신 발자국 소린 줄 하여 나가 보니
시간에 등 떠밀린 절벽 같은 하루가
댓잎 바스락거리는 문 앞에 서 있었습니다.

님이여 님이시여
물안개 피워 문 가을 호숫가에
붉은 눈시울 적신 홍엽 하나 동동 띄워져
그리움의 파동으로 너울져 흐릅니다.

잔바람 절하여 가지 뚝뚝 꺾여버린
하얀 갈잎 소박맞아 절명하듯 사각대고

푸른 소절한 음절의
시가 되고 노래가 되어버린
그 시절의 푸른 유년은 어디로 갔나이까.

백야

시 낭송 유튜브

당신의 해는 지지 않습니다.
만년의 빙설
녹지 않는 차가운 마음 안에는
영원히 얼지 않는 당신의 사랑이
존재하고 있기 때문입니다.

해가 지지 않는 밤을 하얀 꽃의
눈 비빔으로 당신과 마주 서려 하는
해의 기울어진 사랑의 각도가
당신의 언 마음을 온통 녹이려 하고 있네요.
눈부신 태양이 마주해야 하는
정오의 시간은 그리 멀지 않았습니다.

당신의 시야에서 벗어난
백야의 낯선 빛들이 낮을 빙자해
당신의 머리 위에 올라서기까지
밝음이라는 사랑의 시간을
주욱 당신 앞에 나열해 놓았기 때문이죠.

시가 되는 것

시 낭송 유튜브

기다린다는 것이
모든 그리움의 시가 되는 것은 아닙니다.

기다린다는 것은
어느 가을날 돌담길 한 모퉁이에
담쟁이넝쿨이 발갛게 타듯
여러 계절을 태워
눈이 시릴 만큼 아름답게
서서히 물드는 것입니다

탄다는 것이 다
그리움의 시가 되는 것은 아닙니다.

탄다는 것은
사랑이 익어 발그레한 가슴이
찌는 듯한 한낮의 태양에 가쁜 숨을 넘겨
천천히 익어가는 붉은 노을이 되어
눈시울 적시는 한 편의 작은 시가 되는 것입니다.

기다리는 것과 탄다는 것은 다
그리움의 시가 되고 노래가 되는 것입니다.

밝고 엷게 번진 노을 띤 가슴에
붉은 물감의 수채화빛 사랑이 피어나는
작은 연못과 같은 그리움의 시가 담겨
흐르는 고요한 물결이 되어야 합니다.

일몰의 바다

시 낭송 유튜브

일몰의 바다 앞에 서면
장대한 꿈을 안고 사는 여인을 보라.

갈대빛 숲길을 노니는
황금빛 새들의 나래짓에 펄럭이는
여인의 너른 사랑빛 가슴을 보라.

하루를 태워 천년을 가슴에 묻고 갈
심장 안에 심장을 태우는
장엄한 빛의 파노라마를 여과 없이 보라.

순수의 여백 앞에
밀감빛 물감 풀어 여흥 즐기는 선한 하루를
주름진 곡선을 더듬어 넘나드는
여인의 환한 미소 어린 다소곳한 일탈 앞에
졸린 듯 잠기는 태양의 잔해

망각의 바다는
함몰하는 여인의 치맛단에
내일의 꿈을 실어 사랑을 부풀린다.

에필로그

정구지 꽃

시 낭송 유튜브

시간의 벽을 갉아먹은
허물어진 담장 밑에는
듬성듬성 추억의 꽃이 하얗게 피었다.

두레박을 타고 오르는
엄니의 고운 숨결 묻어난 정갈한 우물 옆
자그마한 남새밭에 하얀 정구지 꽃이 피었다.

한 입 달 베어 물던 구름 한편에
어스름이 놓인 장독대
깨진 간장 종지 한가운데
물에 비친 정구지 꽃이 샛달처럼 하얗다.

모시적삼 안섶에 배어나온
엄니의 뽀얀 살결 닮아 눈 시린 정구지 꽃
남새밭 한 뙈기에 삶의 애환 다 내려놓고
꽃으로 화해 바람길로 떠났다.

플라타너스 연가

시 낭송 유튜브

차창가 빗방울이 타고 흐를 때
플라타너스의 고운 잎들이 날 위로한다.

가을을 앞에 두고
낙엽 한 장에 매달리게 될 여운을 생각하며
난 내 스스로 위로한다.

언제부터 엇갈린 운명이었을까.
어디서부터 뒤틀린 운명이었을까.

그녀와 맞은편의 그녀를 만나기 전
운명은 반복된 도약으로 내게 튀어 오른다.

계절의 밤을 지샌 바람이
수없이 할퀴고 간 시간
플라타너스 잎 지고 윙윙거릴 습한 눈망울에
이슬이 슬프게 구른다.

하늘에 이는 바람

시 낭송 유튜브

바람 잘날 없는 날, 그 중심에 서 있는 삶.
내게 이는 바람은 건전한 바람이다. 조금은 이상한 바람처럼 불고 아니 그냥 순수히 부는 자연 바람에 조금 다른 색깔의 바람이 부는 듯.

바람 이래도 꼭 같은 바람은 없다. 같은 바람에 색깔과 모양이 다를 뿐.
바람에 태풍이 분다 해도 그 중심엔 자신만의 고요가 삼매에 들게 한다. 까닭 없는 삶에 존재를 부여하듯.

바람에 실체가 무엇이든 바람이 갖는 의미가 무엇이든 바람은 바람일 뿐.
삶에 이는 바람은 삶의 근원을 흔들어 놓는다. 그 흔들림에 삶도 조각조각 변한다.

사계절의 바람이 살아있다.
그 바람들이 삶을 지탱하고 존재를 부여한다.
삶의 근원인 그 신선한 바람이 좋다.

홀로 핀 꽃

시 낭송 유튜브

꽃이 꽃이라
바라보지 못하는 꽃이 있습니다.
멀리서 발뒤꿈치라도 바라볼라치면
수줍어 저민 가슴에 차마 바라보지 못하고
뒤돌아 오는 나의 두 볼은
늘 혼자 붉어져 피는 꽃이 되지요.

꽃이 꽃이라
바라보지 못하는 꽃과
꽃이 꽃이 아니라 해도
혼자 피는 꽃이 아니기를
바라고 또 바래 봅니다.
어느 날 홀연히 혼자 핀 꽃.

*앨범 소개

앨범 노래 수록

- 빛을 불러 인트로 큐알

- 빛을 불러 inst 큐알

- 빛을 불러 큐알

시인과 뮤지션의 프로젝트 '포트리룸(PTRM)'의 정규 1집 앨범 〈빛을 불러〉 발매.
2023년 12월, '이현재' 시인의 〈바람의 길목〉을 바탕으로 만든 〈빛을 불러〉를 보컬 'Rezina(레지나)'와 함께 새롭게 선보이며, 그동안의 발자취를 정규앨범에 함께 담았다.

빛을 불러 Monologue(Intro) 2
빛을 불러 (feat. Rezina(레지나))(Title) Lyrics by 이현재

빛을 불러(가사)

숲을 깨워 우는 바람
자맥질하는 태양에 길을 틔워
하얀 어둠을 부른다

어디서 몰아칠지 모르는 거친 숨
별빛 토해 낸 하늘 보며
하루를 여민 손가락 모아
빌고 또 빌어보며 기도해
소원하는 모든 게 다 이뤄지리라

어디인지도 모를
끝없는 격정의 밤이 가고
희뿌연 새벽에
길목에 내려선 희망의 바람이 빛을 불러

별빛 토해 낸 하늘 보며
하루를 여민 손가락 모아

빌고 또 빌어보며 기도해
소원하는 모든 게 다 이뤄지리라

어디인지도 모를
끝없는 격정의 밤이 가고
희뿌연 새벽에
길목에 내려선 희망의 바람이 빛을 불러

찬 서리 여물어진 등 시린 모진 밤
격한 여정을 몰아 시간의 등 타고 내달린다

어디인지도 모를
끝없는 격정의 밤이 가고
희뿌연 새벽에
길목에 내려선 희망의 바람이 빛을 불러